Franz Otto Spamer

Handatlas der neueren Erdbeschreibung für Haus und Schule

Mit erläuterndem Text

Franz Otto Spamer

Handatlas der neueren Erdbeschreibung für Haus und Schule
Mit erläuterndem Text

ISBN/EAN: 9783743605930

Hergestellt in Europa, USA, Kanada, Australien, Japan

Cover: Foto ©Paul-Georg Meister /pixelio.de

Weitere Bücher finden Sie auf **www.hansebooks.com**

HAND-ATLAS

DER NEUEREN ERDBESCHREIBUNG

FÜR HAUS UND SCHULE

Vollständig in 36 Karten in Farbendruck

Inhalt

Beigabe zu Otto Spamer's Illustriertem Konversations-Lexikon

LEIPZIG und BERLIN
VERLAG DES OTTO SPAMER
1878—1880

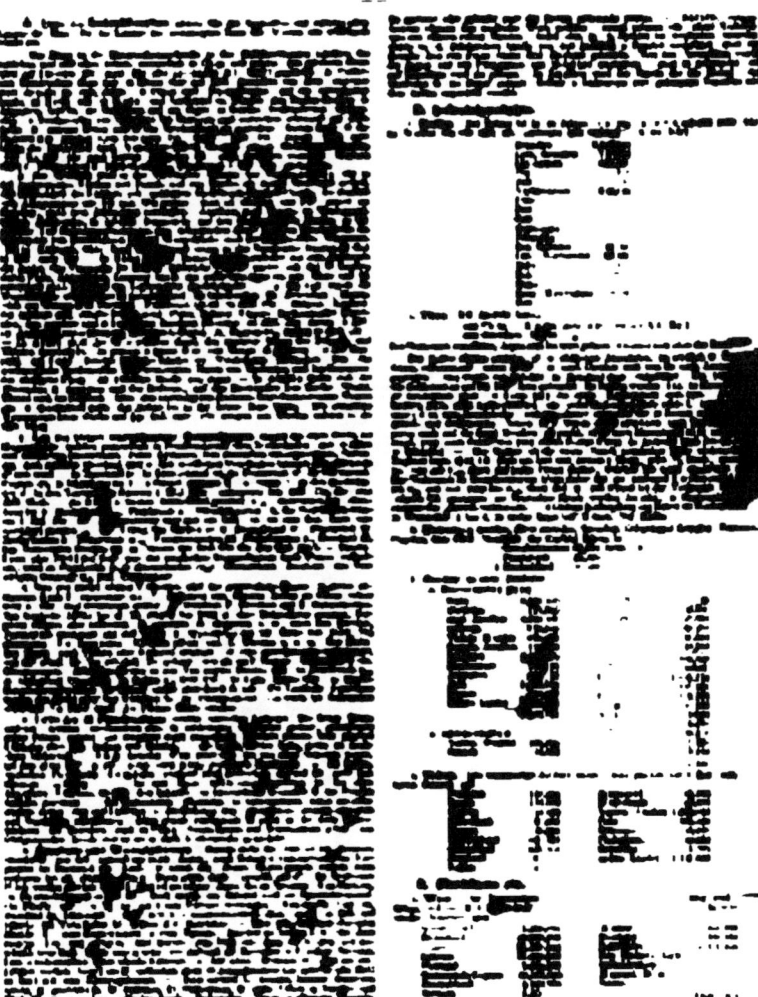

KARTE

ilir wirhtigsten Entwsachsahre des Inrin,
Westen und Seeverschr,
nb über sovhen entrischnten, lichveitspreisken
Flugge- und Seeverelse
Von Prof. Dr. E. Belloch

Verbreitung der Pflanzen auf der Erde.

Von Prof. Dr. Otto Dettweil

Verbreitung der Pflanzen nach ihrer Verbreitung

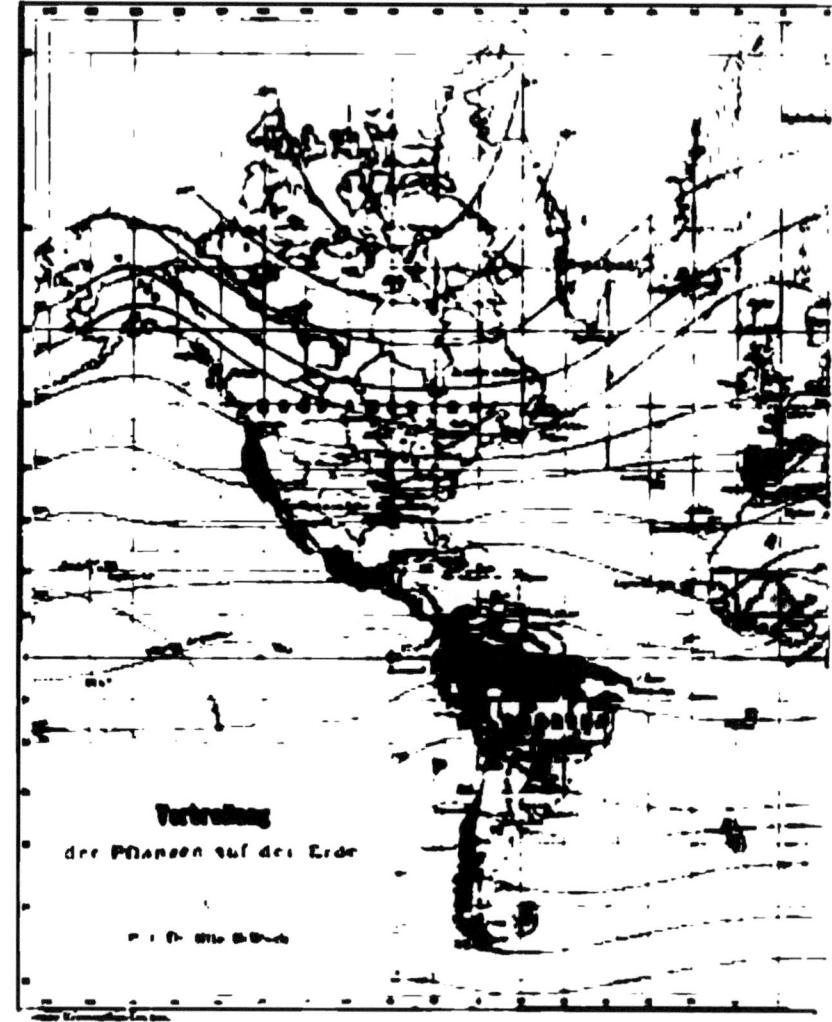

Verbreitung
der Pflanzen auf der Erde

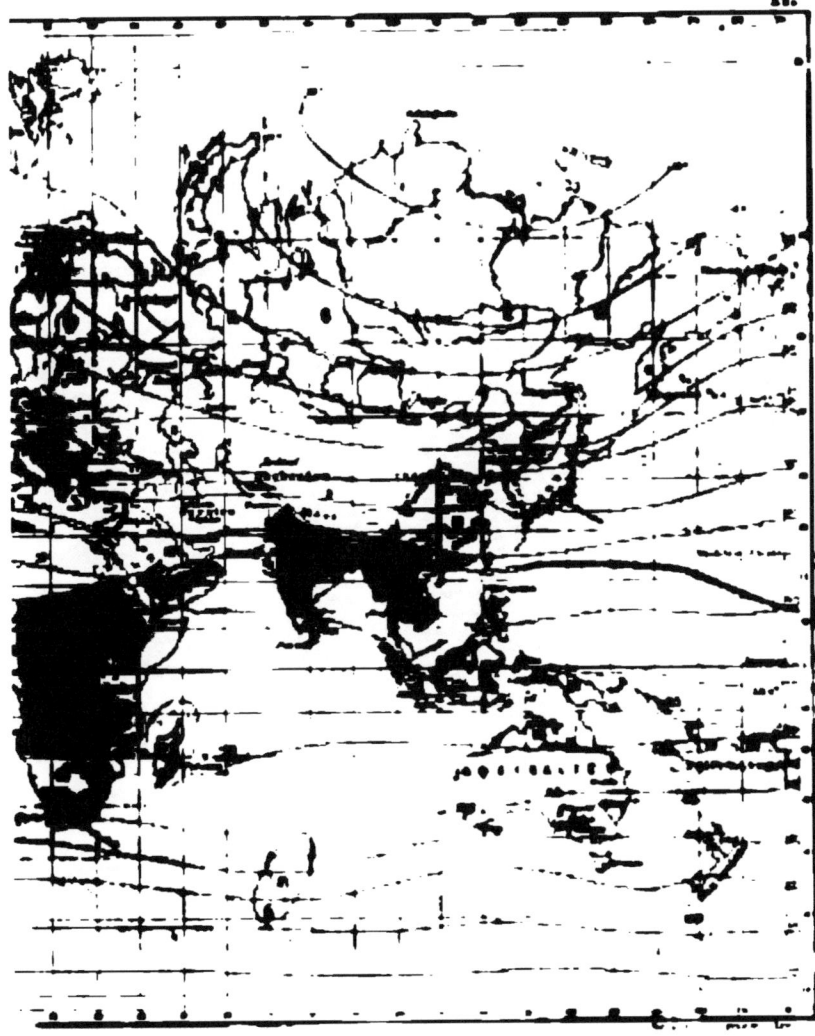

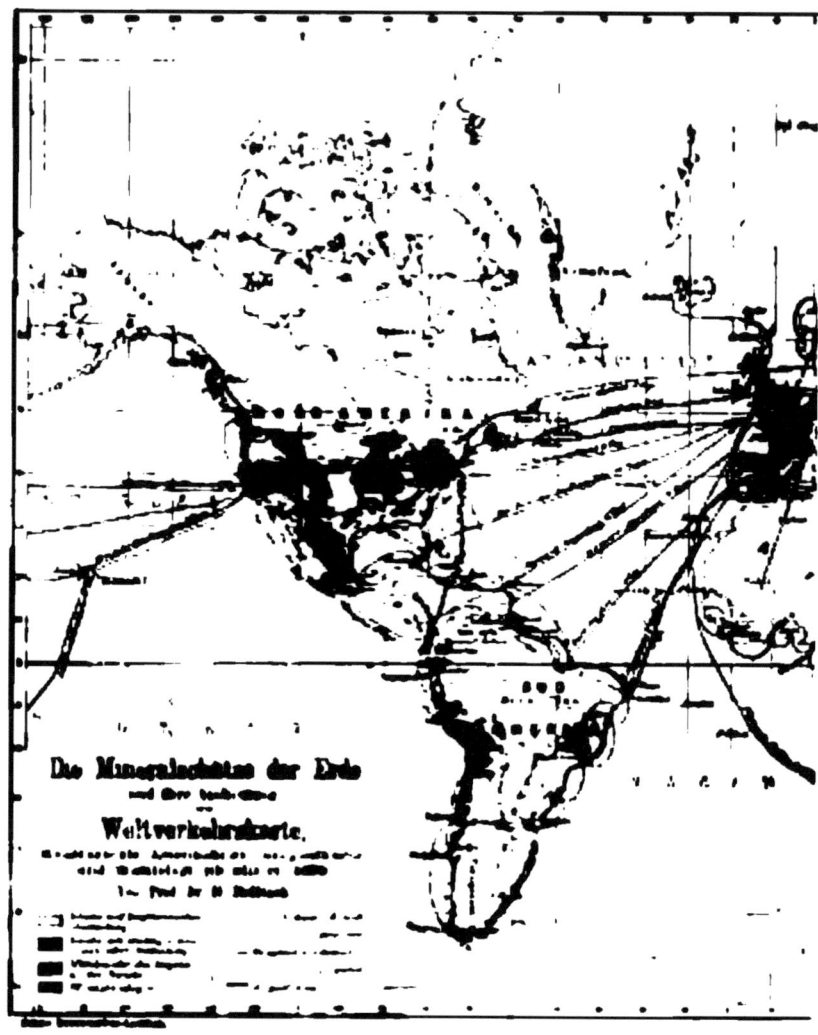

Die Mineralschätze der Erde

Weltverkehrskarte.

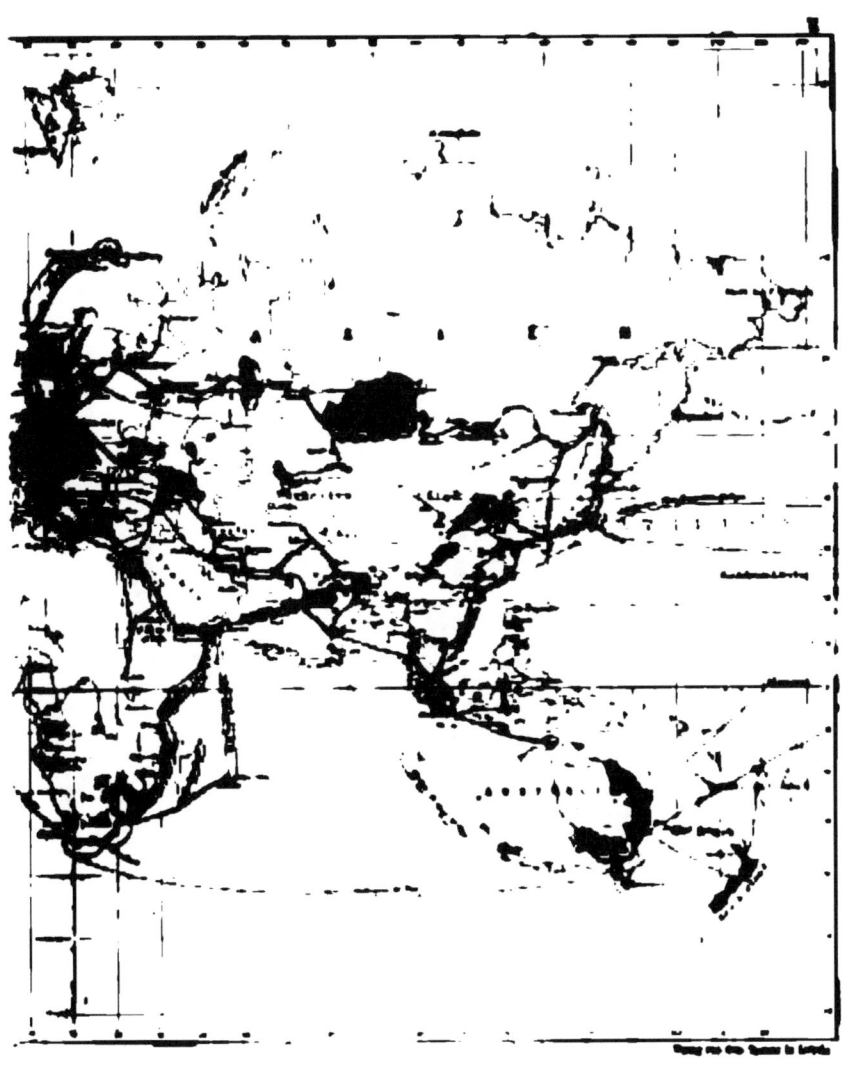

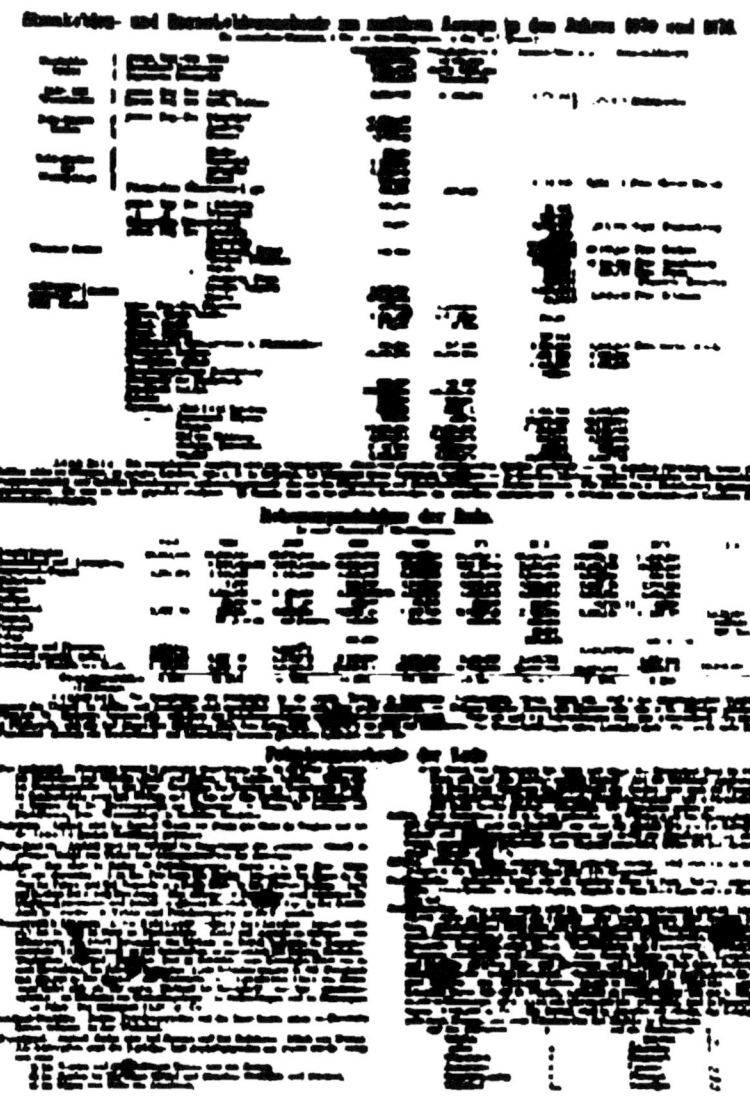

Die Rassen und Völker der Erde.

Von Prof. Dr. Otto Schrabert

I. Kaukasische Rasse

II. Mongolische Rasse

III. Malayische Rasse

IV. Afrikanische Rasse, Neger

V. Amerikanische Rasse

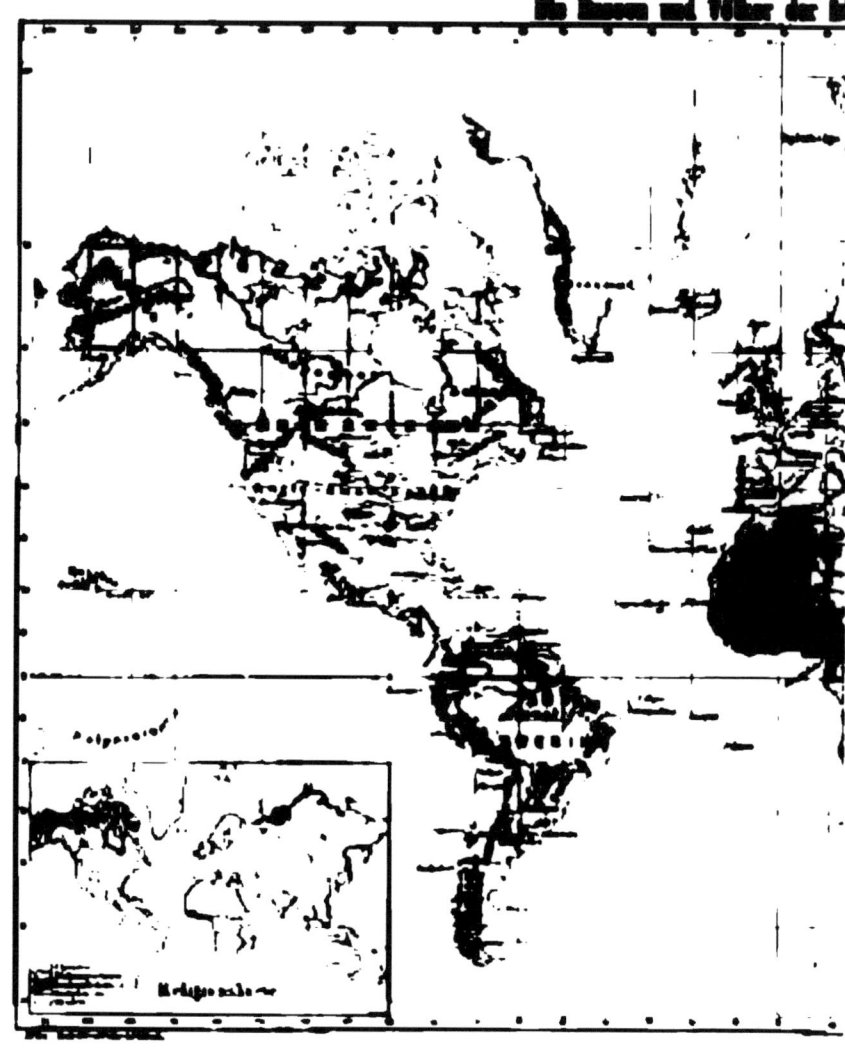

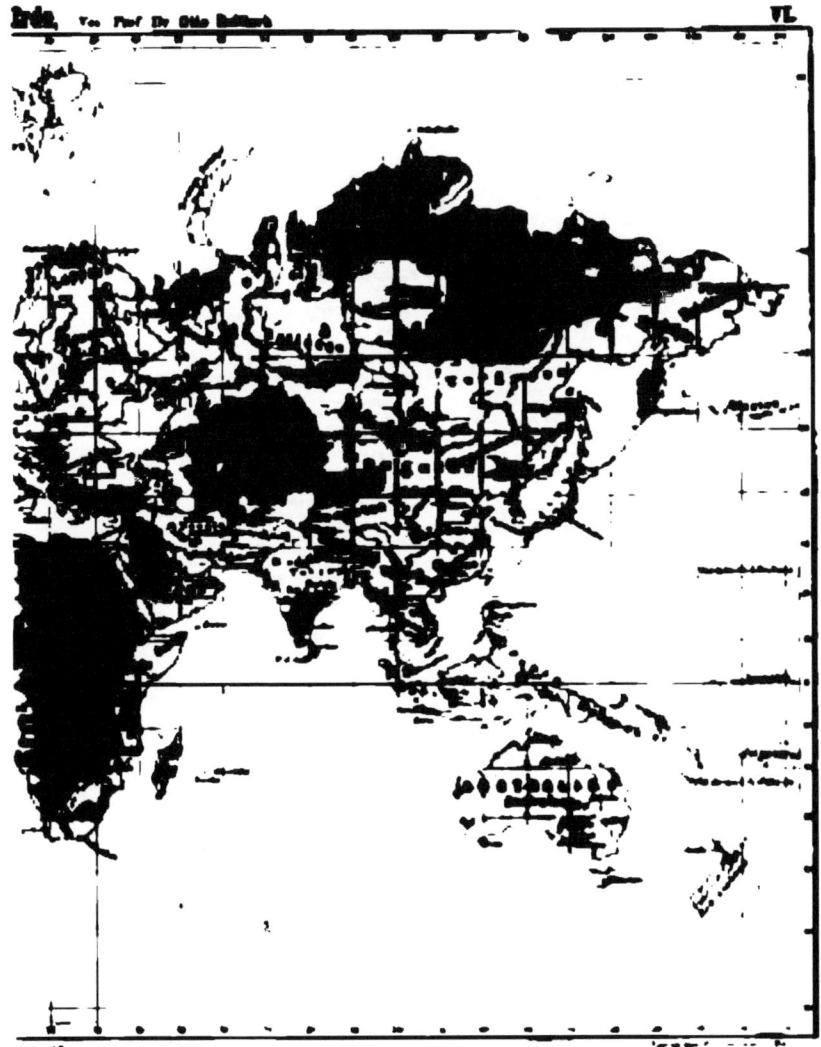

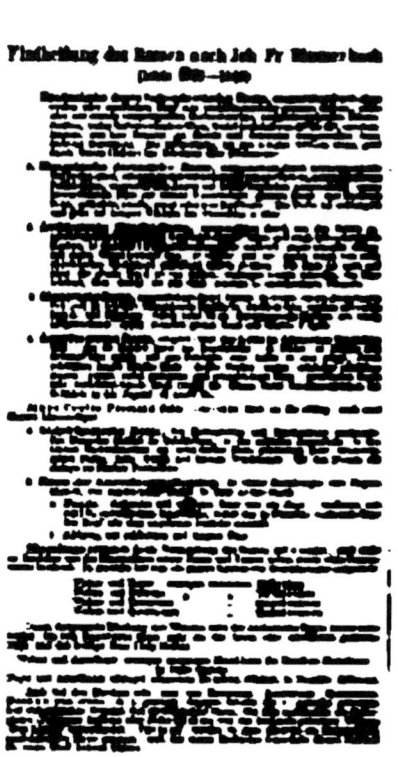

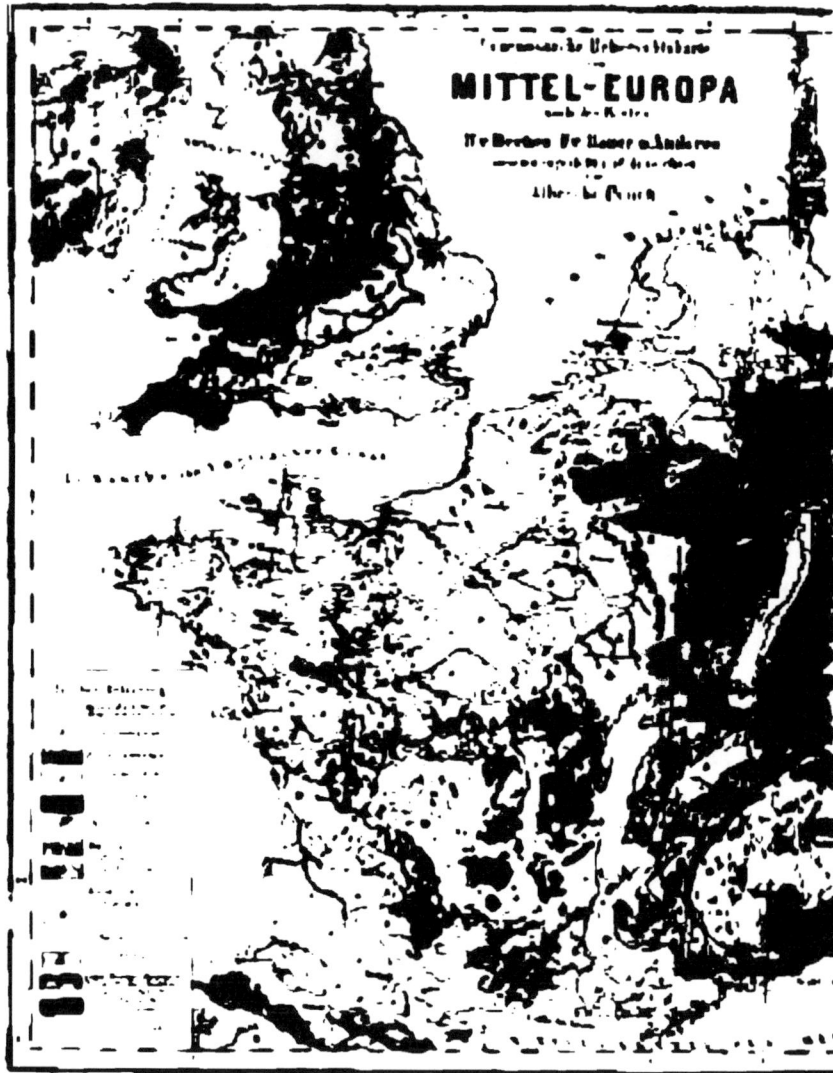

MITTEL-EUROPA

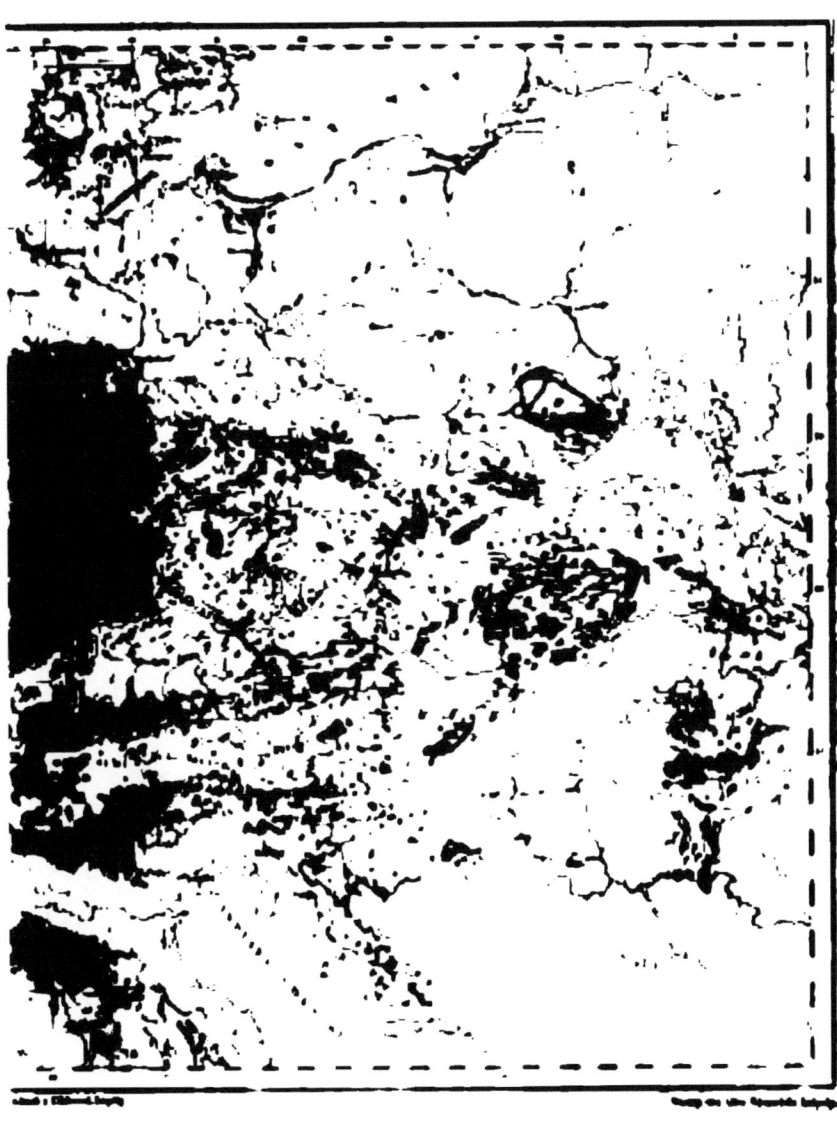

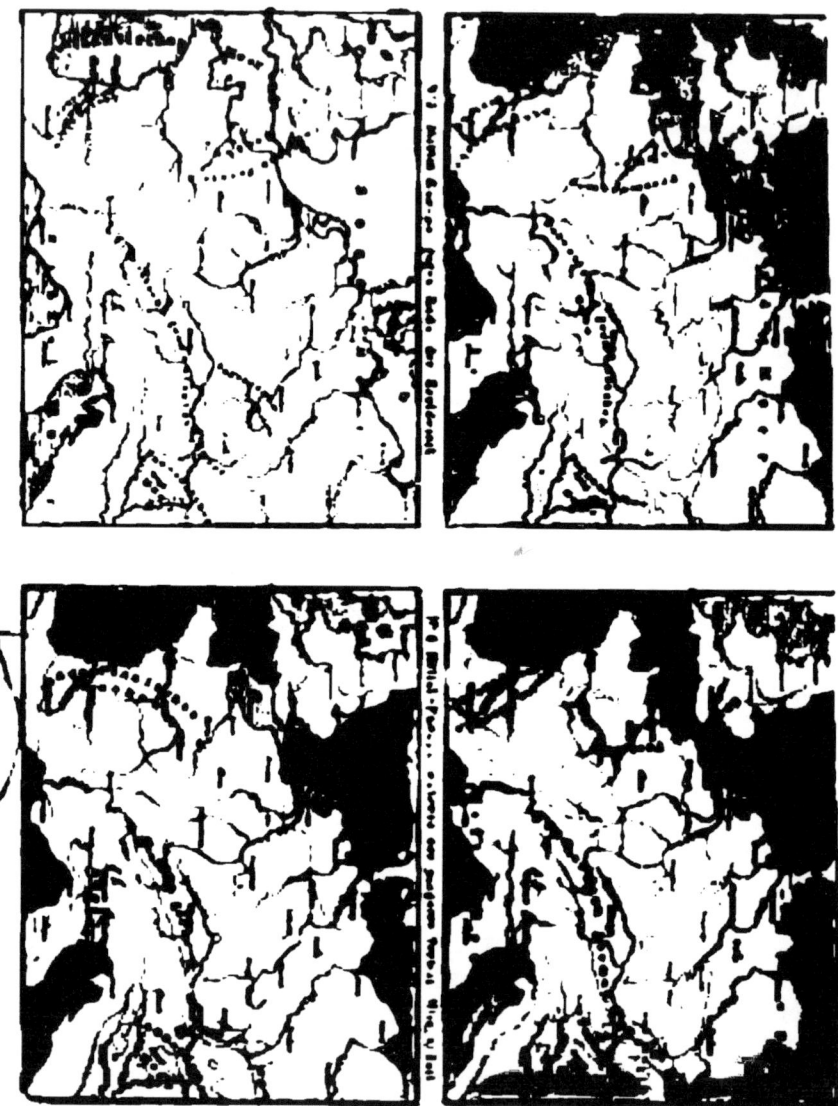

Höhenkarte und Landschaften

MITTEL-EUROPA

von

Prof. Dr. Otto Kützel

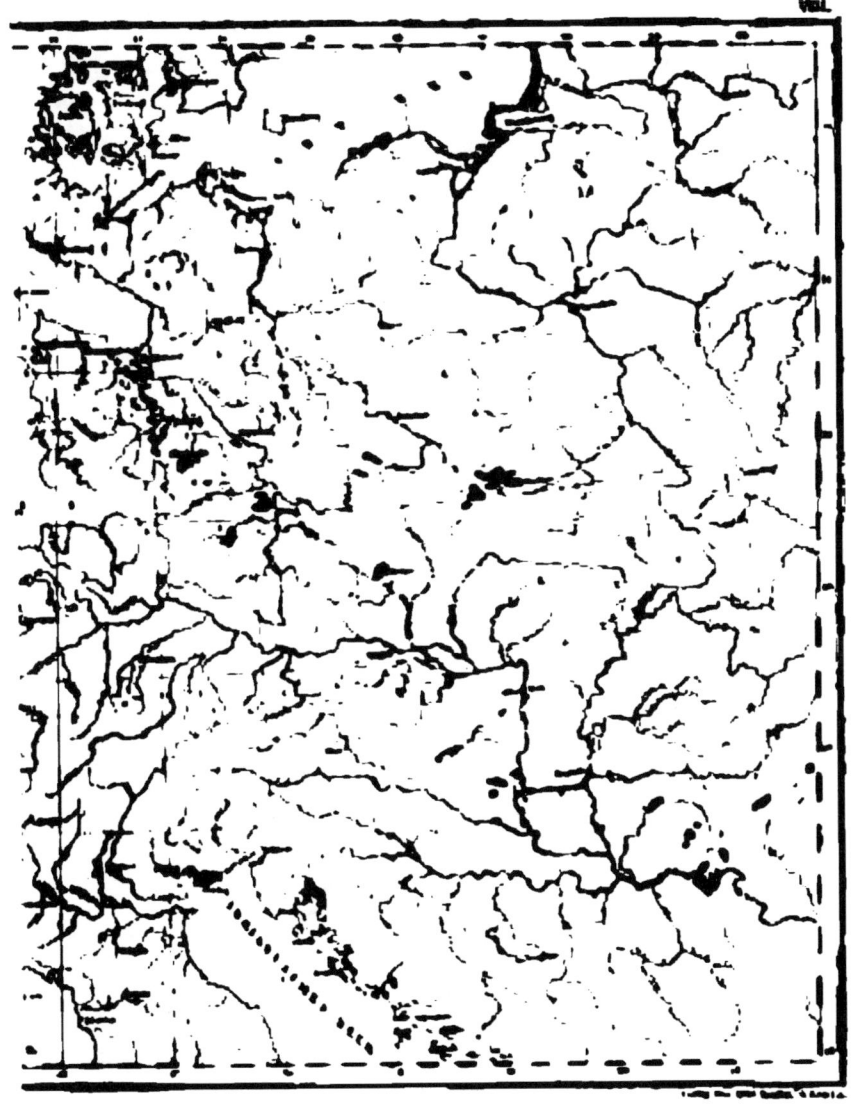

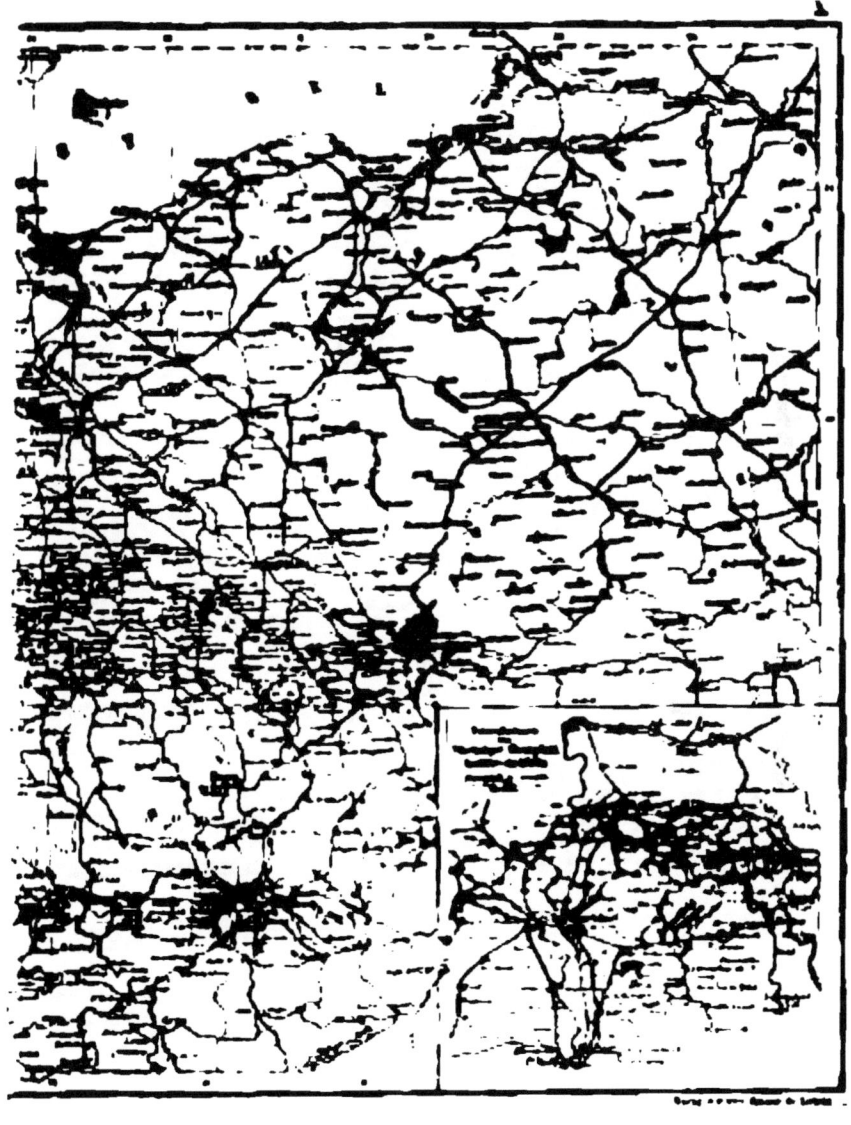

Europa.

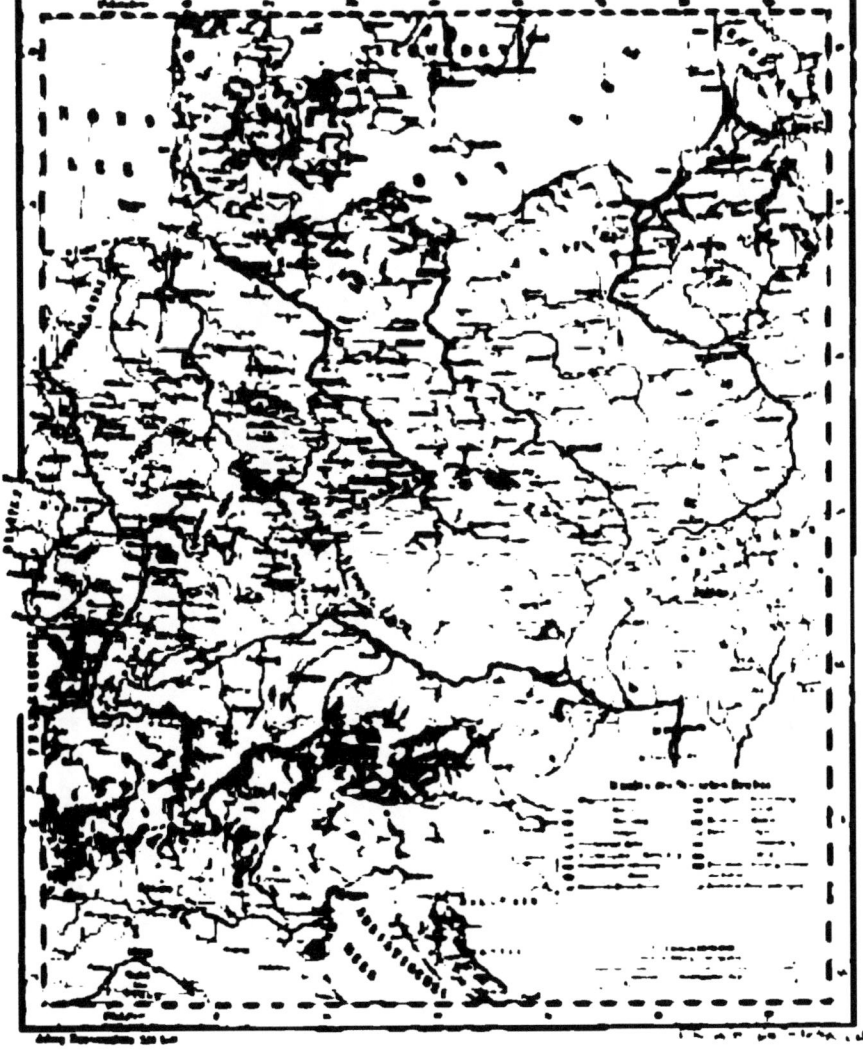

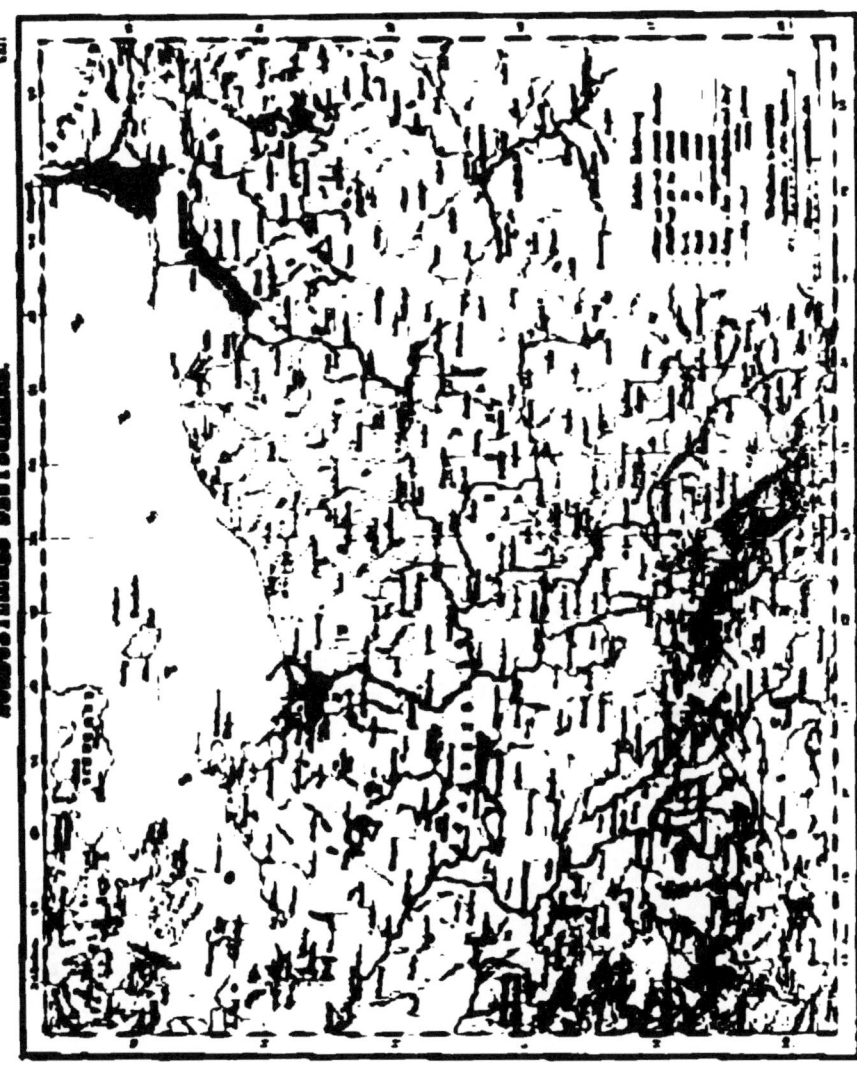

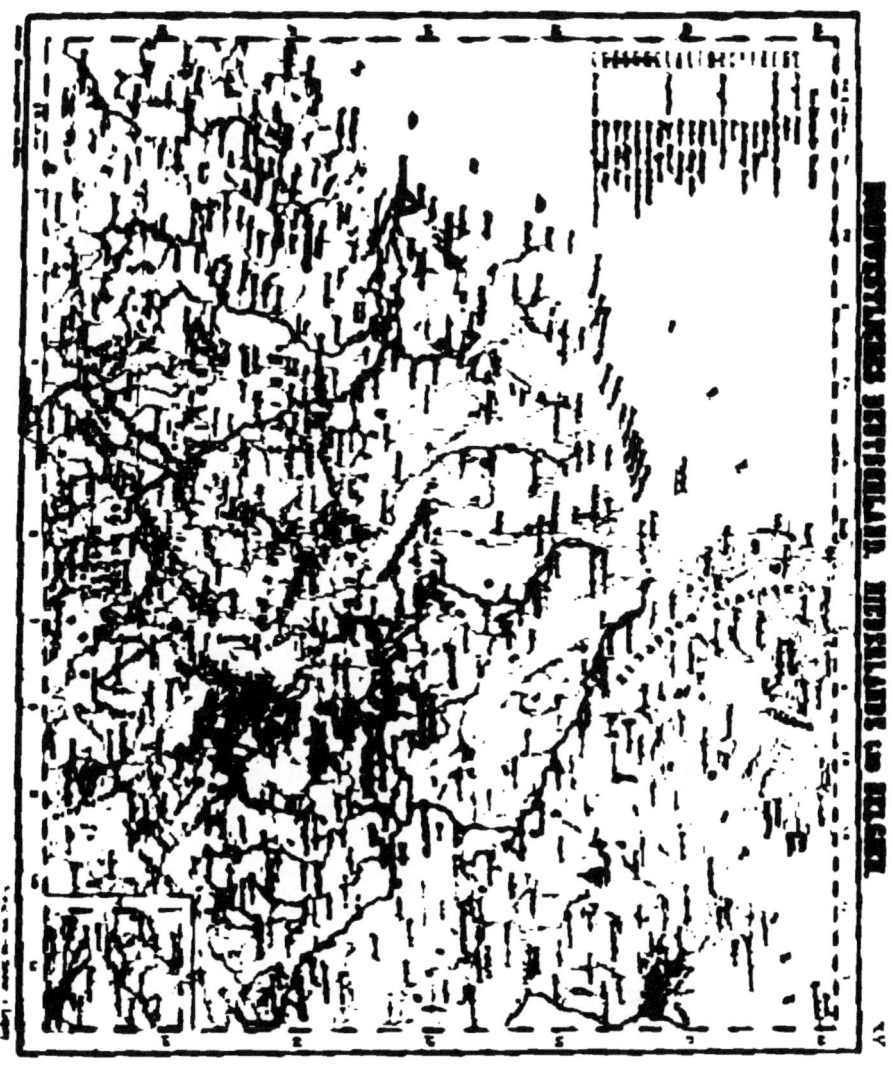

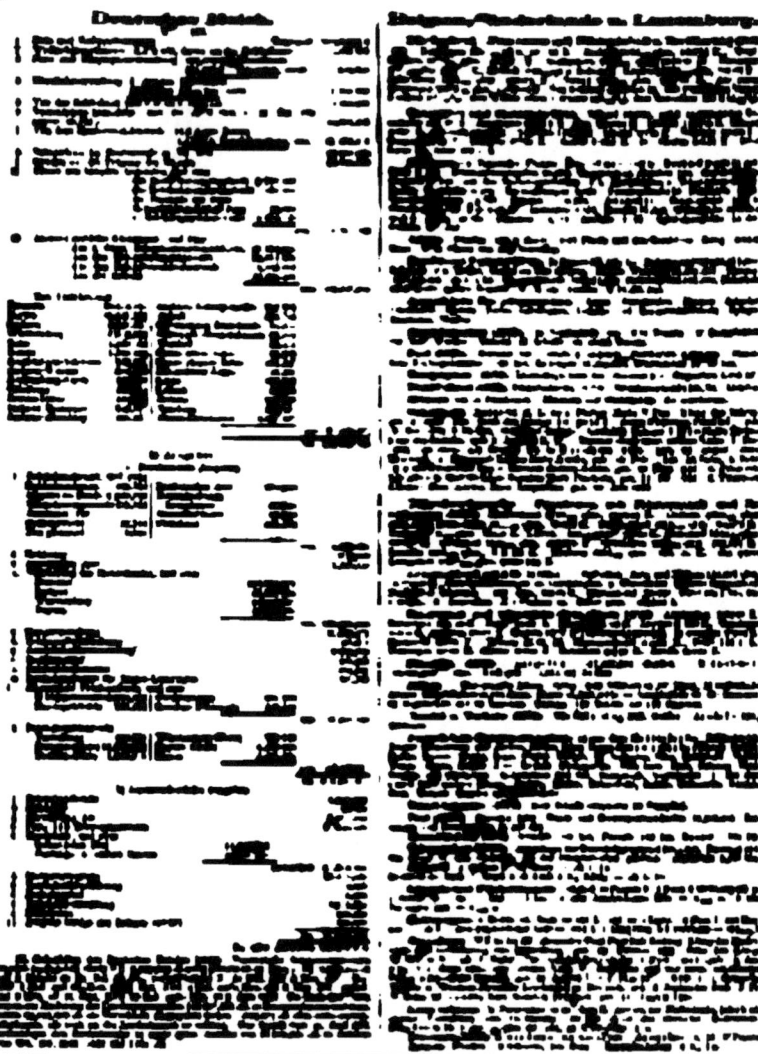

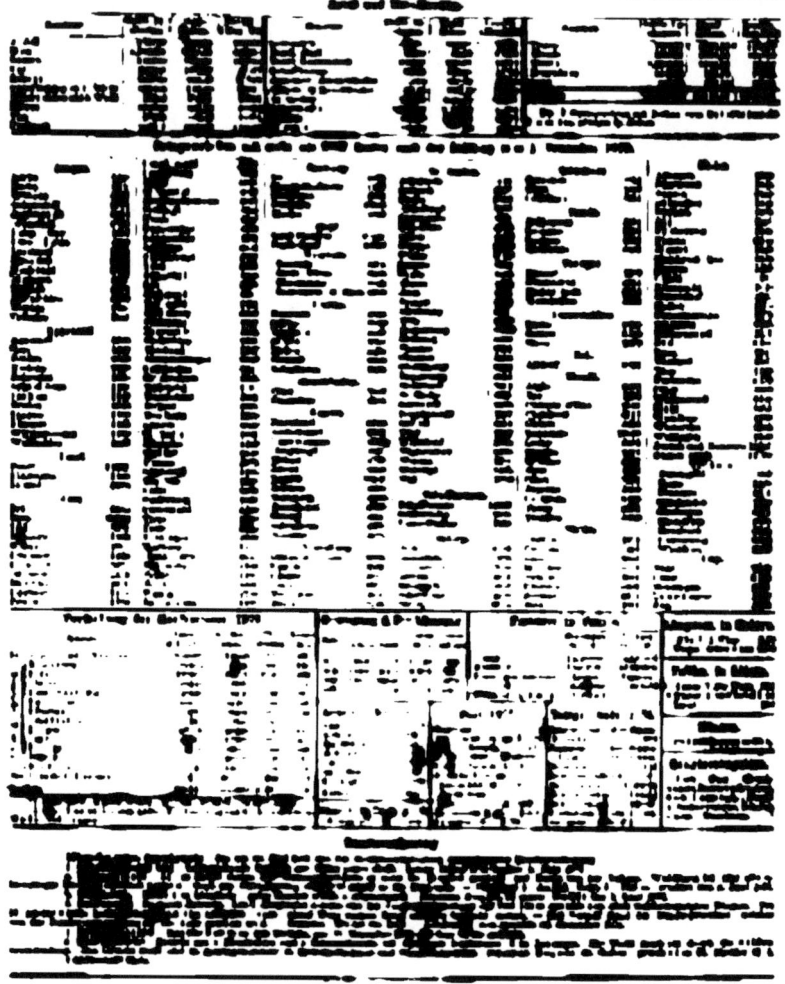

Frankreich

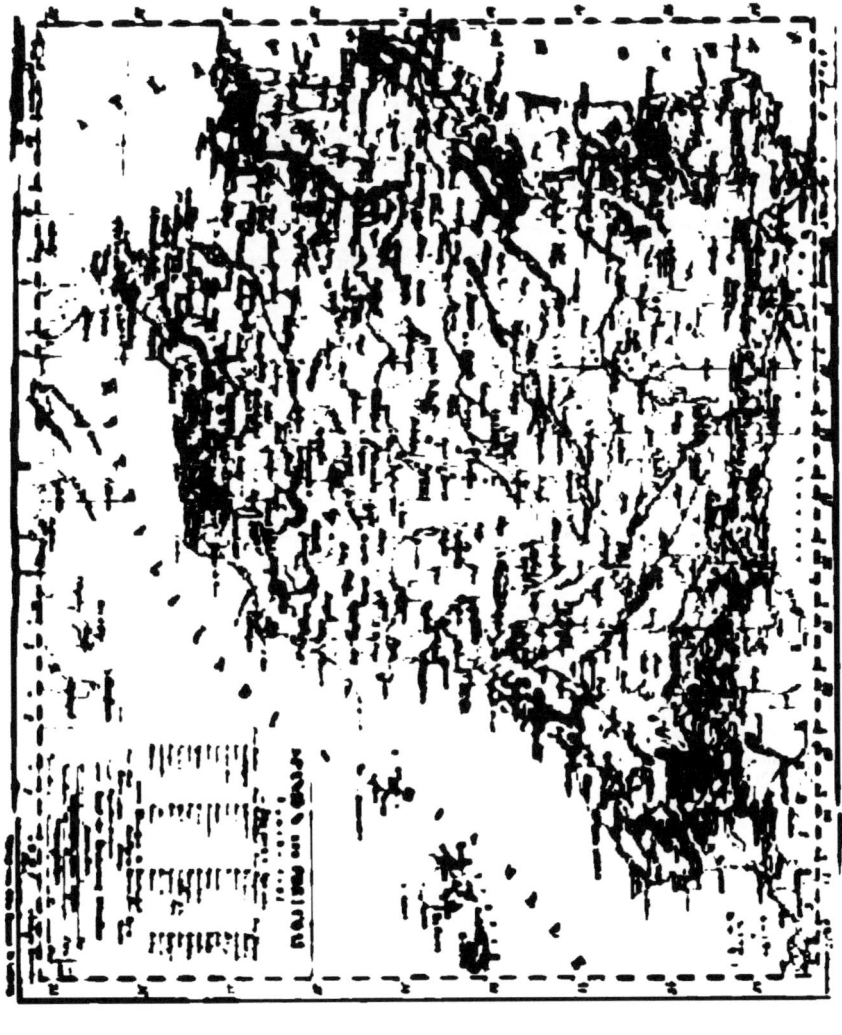

Spanien und Portugal

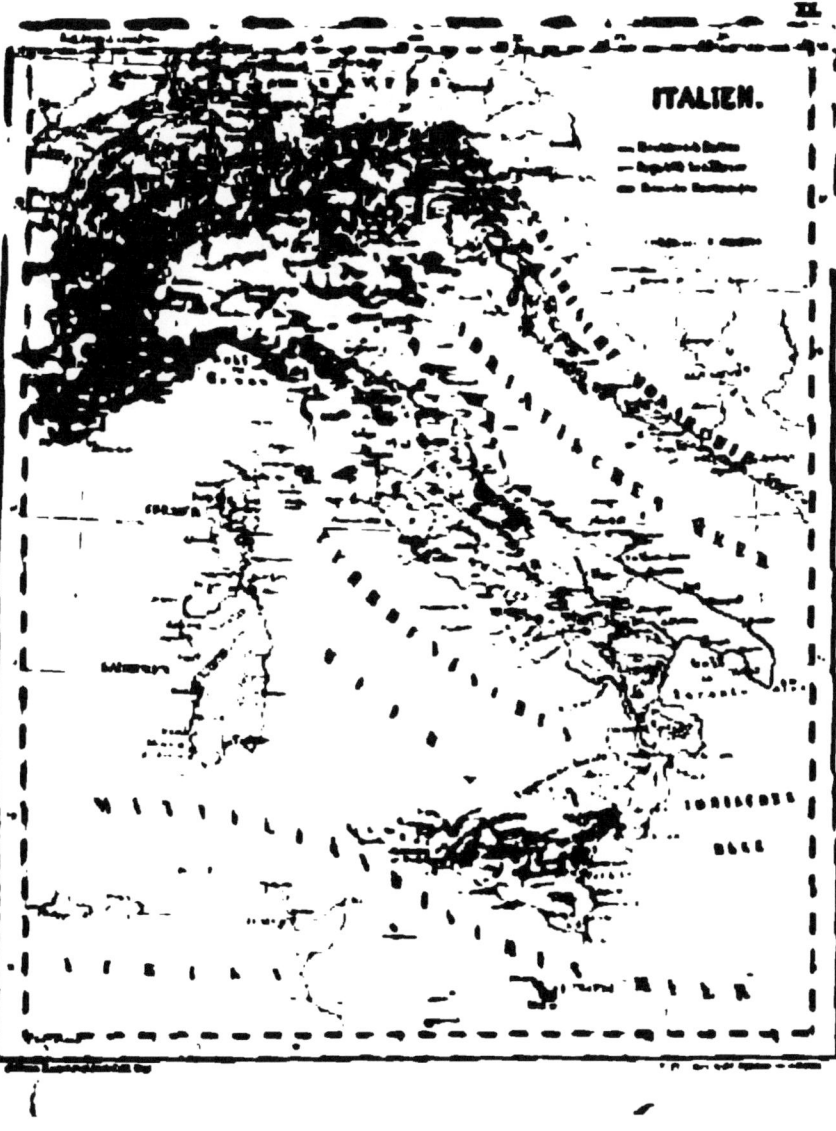

ITALIEN.

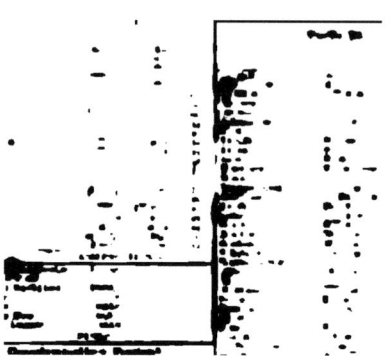

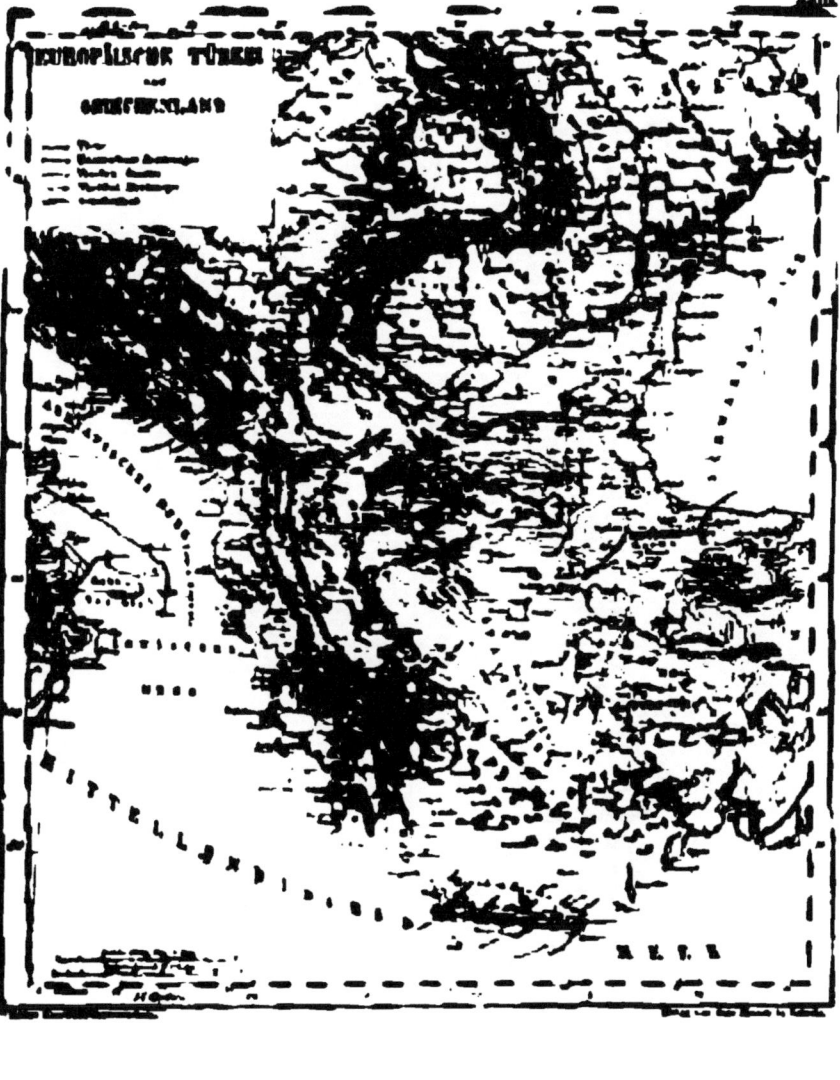

Dänemark. Schleswig Holstein und Luxemburg

Schweden, Norwegen und Dänemark.

Afrika.

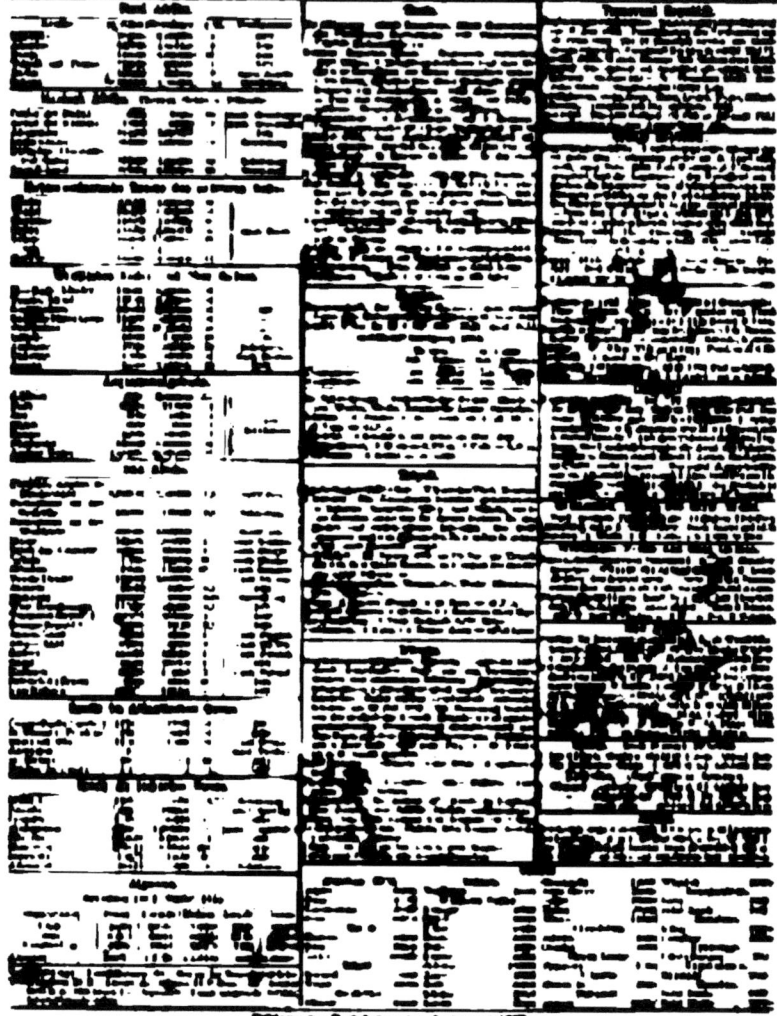

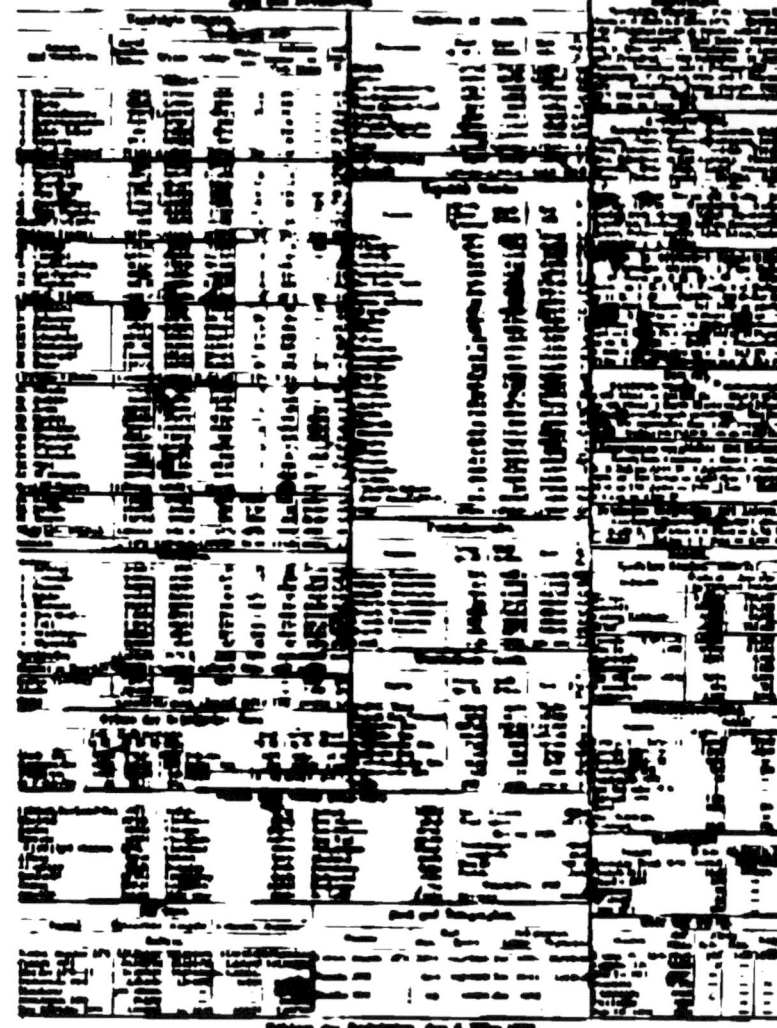

Südamerika.

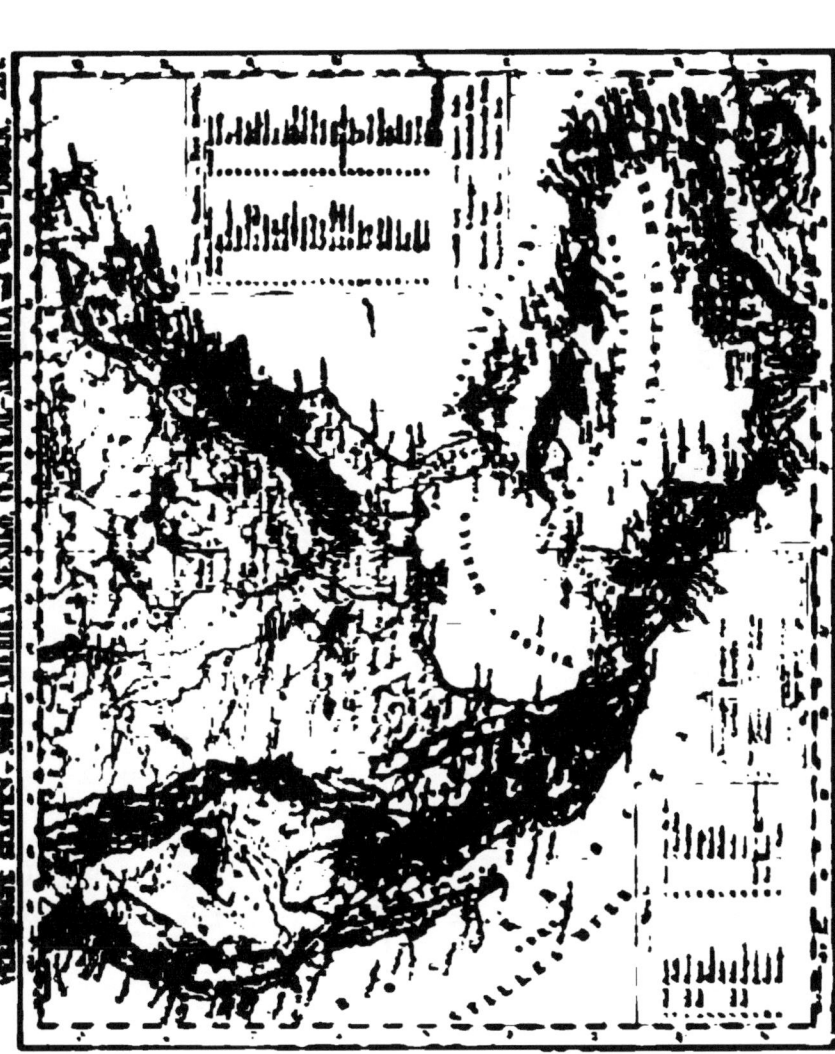

Asien

Australien und Ozeanien

Der nördliche Sternen-Himmel.

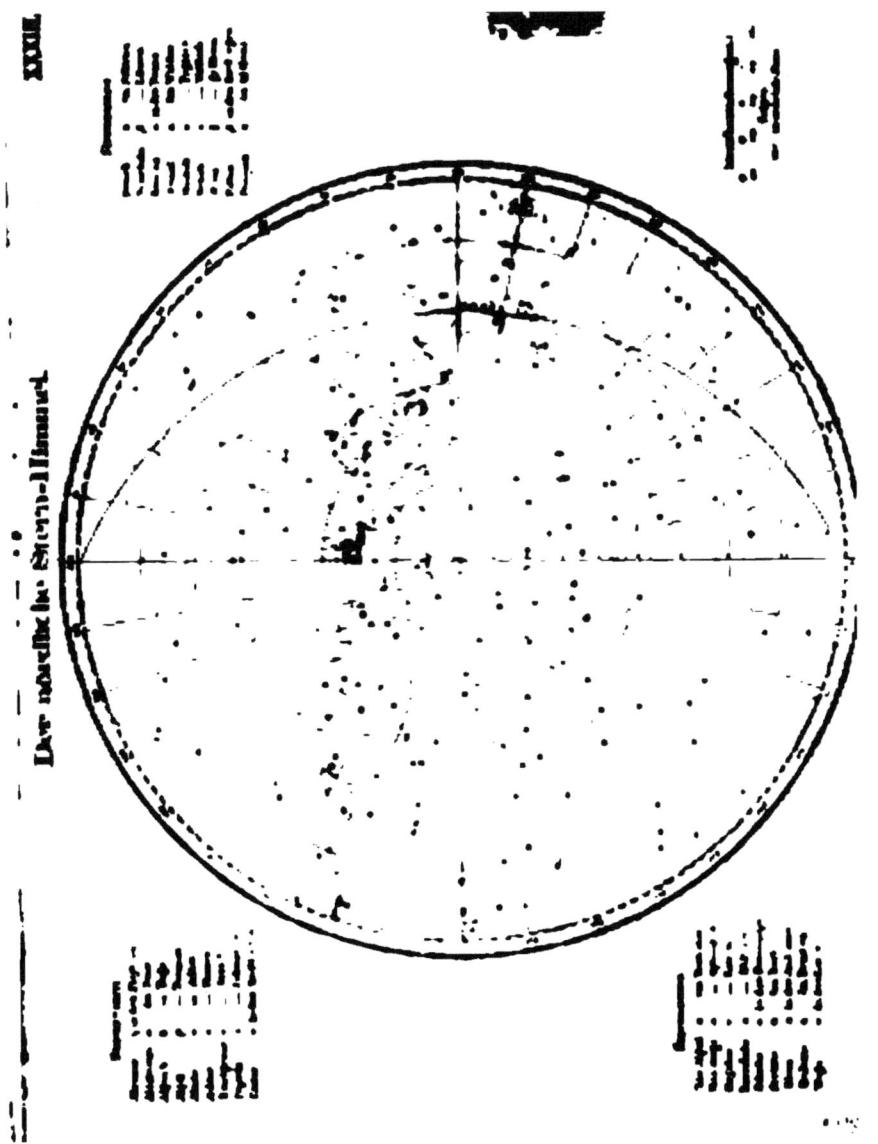

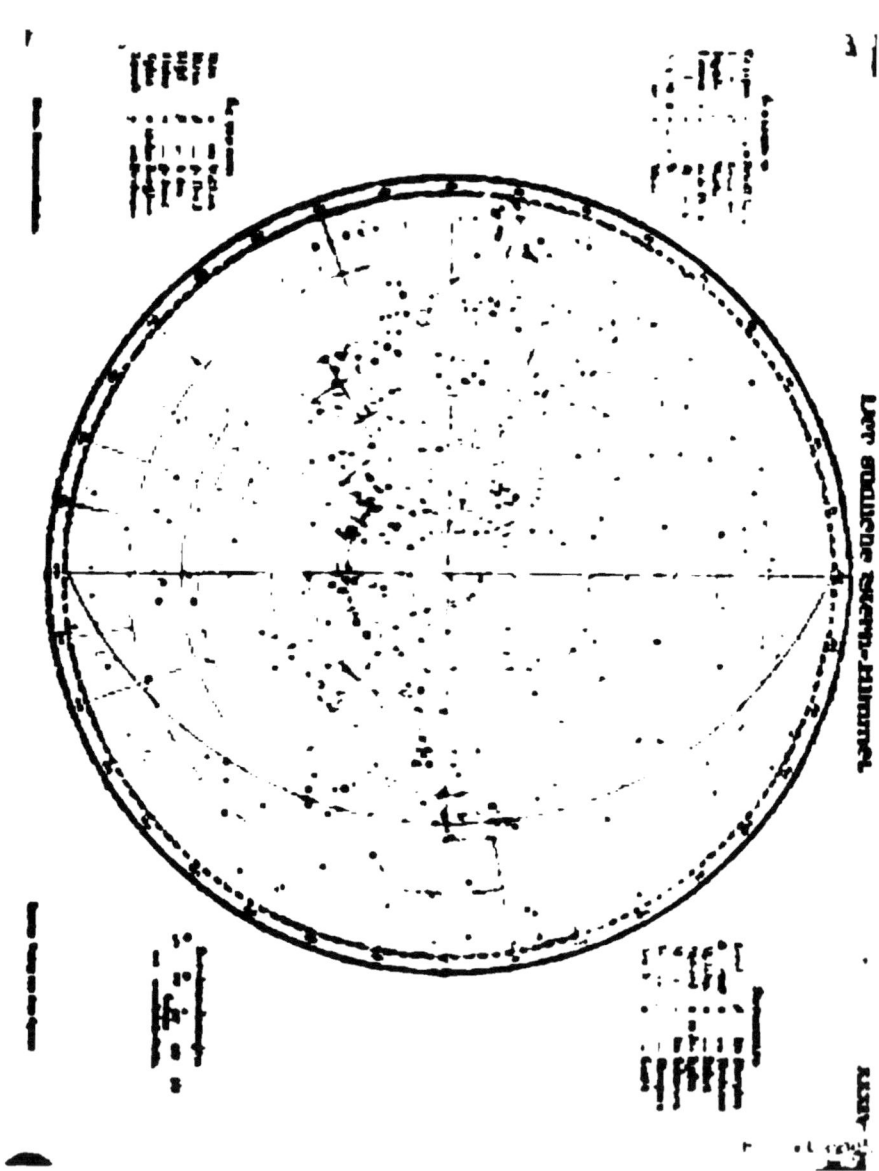